La pluma de Durgam

La pluma de Durgam

Malena Martín Elmaleh

TEXTOS
Malena Martín Elmaleh

PORTADA
Lily Vainylla (@lilyvainylla_)

MAQUETACIÓN
Andrea Gómez Expósito

NÚMERO DE EDICIÓN
Primera

EDICIÓN
Postdata Ediciones

ISBN
978-84-19411-81-5

DEPÓSITO LEGAL
V-1971-2024

SOMBRAS

DURGAM

Tengo un demonio que usa mis traumas
como excusa de su existencia.
Puedo verlo tras los resquicios de mi ego.
Acude en la soledad de la noche con imágenes desbocadas,
reclama libertad tras su aullante silencio.
Incapaz de adaptarse al entorno.

Animal mutilado que no halla consuelo entre estas rejas,
energía en constante movimiento.

Escribe mis recuerdos con las manos manchadas,
impregnadas de odio,
alma sucia.

Sus ojos lapidosos excusan mis sombras,
pues hallo consuelo en ellos.

LA TRAMPA

Ausente en vuestros mundos,
en los que ya no me veo partícipe.

Culpabilidad presente en mis intentos en vano,
sin suficiente esfuerzo,
por poder sentiros.

Distraída en mi silencio,
¿conseguiré liberarme de la trampa humana?

AGUA SALADA

El mar ha venido a mis ojos,
incontrolable en su marea audaz
que enviste en todas sus formas,
contra mi franqueable cordura.

SIN REFUGIO

Melómana de la melodía que desprendes,
que sigue resonando en mi alma,
y aquí le estoy dando cobijo.

Vislumbro tu presencia
y, en cada resquicio de ti,
soy presa de la vorágine
de cada sentimiento
que aflora en esta pesadumbre.

Mi alma se convierte indómita,
enajenada por tu ausencia.

UN SUEÑO

Vislumbra mi alma con su caricia,
huyo de sus manos temblorosas,
de su mente al borde del cilicio.

Y caigo,
caigo en el fango.

MANTO AZUL

En la inmensidad del cielo
la redención de mi ser.

En las estrellas,
vestigios del tuyo.

Y aquí abajo
mi locura en ciernes,

más cercana,
más tangible,
más pesada.

HUIDA

Un cielo que nos separa,
una sepultura con lágrimas no derramadas
a la que no soy capaz de dar presencia.

En mi memoria brota tu muerte,
la muerte de unos recuerdos anhelados.

Lágrimas de plata consumidas
tras el paso del tiempo.

LA PARCA

Me persigue una funesta guadaña.

Yo cuido mi muerte.

Y busco mis ojos entre los gritos desolados,
y los encuentro cuando se duermen.

MUJER BRUJA

Vamos a volver a encender la hoguera,
pero esta vez serán nuestras manos
las que enciendan la cerilla.

Resurgimos de las cenizas,
convertimos nuestro vuelo en arte y lucha.

Nos arrebatasteis nuestra libertad,
pero sois perros rabiosos,
cegados por el odio,
y olvidasteis el motivo de vuestra guerra;

Recordad, SOMOS BRUJAS.

Nuestras alas no caben en vuestra jaula.

MI DEIDAD

Y mi alma llora,
porque antes de que cante el gallo
me negarás tres veces.

Y habitaré el límite de las tinieblas
con la serpiente salvadora de la ceguera,
como diosa exiliada del edén.

Y te culpo a ti
porque nuestras manos no se toquen,
porque antes de que cante el gallo
yo también te negaré tres veces.

Y ahora entiendo que te vendieran por 30 de plata,
yo también lo habría hecho,
porque a mí no me das miedo.
No te voy rendir culto,
ni entregar sacrificios imposibles.

Tú me negaste, me echaste del Edén,
no lo dudes, porque yo también te negaré tres veces.

EL DISFRAZ

Ni la cubierta del amor elimina el odio,
ni la ropa de la humildad tapa la desnudez del ego.

TERRORES NOCTURNOS

No recuerdo cuándo empezó todo,
pero sé que todavía no ha terminado
porque aún lo veo y sangro.

Recuerdo las manos del monstruo,
los dedos del monstruo,
la boca del monstruo,
los dientes del monstruo…

Pero yo no toco al monstruo.

Viene algunas noches cuando las luces se apagan,
y me recuerda que un día sí lo toqué.

Pero yo no toco al monstruo.

¡Qué hijo de puta!,
que después de tanto tiempo,
tengo que seguir encendiendo la luz
cuando aparece por la puerta.

Pero, de verdad, que yo no toco al monstruo.

Aunque un día sí lo toqué,
pero juro por mi vida
que fue él quien me obligó.

Porque yo no quería tocar al monstruo.

EL CAMINO

Le rendí culto a mi rencor,
le hice una bandera.

Eras la sombra consentida de mi alma,
en la oscuridad tú y yo éramos uno.

Pero tú ya no puedes con mi voz,
aunque aún te recuerde y sangre.

LUCES

EL VIAJE

Entre la tempestad de nuestras mentes
el alivio de nuestras almas.

LA METAMORFOSIS

Salimos de la crisálida
para convertirnos en mariposas.

La metamorfosis de nuestras almas
brotando al unísono del mismo cielo,
cielos nuevos,
ajenos a nuestro ego.

Hicimos del amor un renacer.

AL ALBA

Pureza en todo lo que aportas a mi ser,
haciendo tangible mi paz con tu presencia.

Consigues redimirme de esos cantos de sirena,
tu luz amaina mi pesadumbre
haciendo más visible el camino.

Te respiro, llenas mi alma de vida,
pues en tu pecho mi cuerpo se deshace.

Así que dejaré que escribas tú mi esquela,
que plasmes tus versos en el epitafio
de una carne que ya se ha ido,
sacando a flote mi alma
me muestro sin disfraces.

Caminando por los senderos de tu esencia,
encuentro mi anhelada plenitud
en el fuego de tu mirada.

SAMSARA

Se convierten límpidos mis recuerdos
con la purificación que me concedes.

Logrando la catarsis de mis yertos demonios,
me guías por la bella vereda del estro.

Portadora de la luz de mi nuevo *samsara*.
Deidad que ampara la calma de mi ser.

Ángel guardián que da cobijo a la centella
que habita en la fragilidad de la existencia.

ERES PAZ

Los ecos de un pasado corrompido por la toxicidad,
un pasado que no soy capaz de silenciar.

El rencor y el miedo me acompañan,
consiguiendo eclipsar mi luz.

Y entonces llegas tú,
y contigo mi paz.

El vértigo de un abismo de conexión,
iluminando con tu luz todas mis sombras.

Consigues que florezca la niña que hay en mí,
silenciando todos mis monstruos,
pues posees la melodía que da paz a mis pesadillas.

FORTUNA

He encontrado mi hogar en tu ígneo ser,
y qué afortunada me siento en el hogar ofrendado.

Atravesando el camino de nuestro destino
encontré el sentido de la vida.

Usas el fango de mi alma para plantar tus flores.
Mi alma brota, ¿escuchas los latidos?

Y en cada sol que nace veo tu mirada
porque colmas de luz nuestro eterno naufragio.

Un naufragio hacia la eternidad de nuestra existencia,
con nuestras almas entrelazadas.

ANTÍDOTO

Bálsamo para las heridas
de un pasado lleno de zozobras.

Refugio de un alma atormentada
que arde bajo unas alas demoníacas.

Apagas el fuego en sus miradas,
colmándoles de la luz
que yo no soy capaz de darles.

Indefensos ante ti, mi amor,
pues eres la luciérnaga
que ampara esta oscuridad.

La dádiva que navega entre mis sombras,
mitigando el fuego de mis entrañas,
sin miedos, sin huidas, ni rencor…

YA' ABURNEE

Solo espero que la muerte
invada mi cuerpo antes que el tuyo,
y así la abordaré sin desidia.

Esperaré tu inerte descenso
y por fin me entregaré a tu paz.

Nuestras almas volarán unidas
en un ósculo eterno hacia bellos parajes…

Seremos polvo y cenizas.

INEFABLE

Y dime, mi amor,
¿cómo te explico con palabras de este mundo
lo que siente mi alma?

NIRVANA

Y si algún día me pierdo,
te dejaré un rastro de rosas y claveles.

Estaré donde lo bello sea admirado,
donde la flor germine y no marchite.

TÓTEM

Me encuentras en todas mis sombras.

La antorcha que ilumina el camino
cuando mi alma se pierde.

La base que da firmeza a nuestra sangre.

Mi gran protectora, mi luz, mi guía,
mi estrella en la tierra, mi hermana mayor.

Y no viviré vidas suficientes
para agradecerte el amor que me das.

¡GRACIAS!

BATALLA EN EL OLIMPO

¡Yo!,
que le di vida a Medusa
y maté a Atenea.

No me vas a vender paz,
ni silencio, ni calma.

Tengo un propósito,
he venido a este mundo
a sembrar el caos en el Olimpo.

Nunca he sido de callarme,
ni de ceder ante las injusticias,
ni de estarme quietecita,
y mucho menos de arrodillarme.

Ahora me toca alzar las voces
que fueron silenciadas.

Así que ni se te ocurra intentar venderme
paz, silencio o calma.

Porque yo le di vida a Medusa
y maté a Atenea.

INDOMABLE

A veces escucho las voces
y el alma se me desgarra.

Pero aquí me tenéis,
sin miedo,
abanderando mi libertad.

Y aseguraos de que me veis
porque no pienso retroceder.

No me voy a doblegar,
siempre he sido de luchar
en las más oscuras batallas.

Me habéis hecho indomable.